BEI GRIN MACHT SICH IHR WISSEN BEZAHLT

AF141205

- Wir veröffentlichen Ihre Hausarbeit,
  Bachelor- und Masterarbeit

- Ihr eigenes eBook und Buch -
  weltweit in allen wichtigen Shops

- Verdienen Sie an jedem Verkauf

Jetzt bei www.GRIN.com hochladen und kostenlos publizieren

Business Intelligence. ERP-System, Data-Warehouse und Datenbanksystem

GRIN

Bibliografische Information der Deutschen Nationalbibliothek:

Die Deutsche Nationalbibliothek verzeichnet diese Publikation in der Deutschen Nationalbibliografie; detaillierte bibliografische Daten sind im Internet über http://dnb.d-nb.de abrufbar.

ISBN: 9783346841247
Dieses Buch ist auch als E-Book erhältlich.

© GRIN Publishing GmbH
Nymphenburger Straße 86
80636 München

Druck und Bindung: Books on Demand GmbH, Norderstedt Germany
Gedruckt auf säurefreiem Papier aus verantwortungsvollen Quellen

Das Buch bei GRIN: https://www.grin.com/document/1337336

Einsendeaufgabe Alternative B

abgegeben am 28.10.2022

SRH Fernhochschule

Modul: „Business Intelligence"

Studiengang: Betriebswirtschaftslehre und Digitalisierung

Studiengang: Betriebswirtschaftslehre und Digitalisierung

Inhaltsverzeichnis

p

Abkürzungsverzeichnis

BI	Business-Intelligence
csv	Comma-Separated-Values
DB	Datenbank
DBVS	Datenbankverwaltungssystem
DBS	Datenbank-Management-System
ER	Entity-Relationship-Methode
ERM	Entity-Relationship-Modell
ERP	Enterprise Ressource Planning
ETL	Extraktions-, Transformations- und Ladeprozess
MRP	Material Requirement Planning
OLAP	Online Analytical Processing
SPoT	Single Point of Truth
u. a.	unter anderem
z. B.	zum Beispiel

Abbildungsverzeichnis

1   Definition ERP-System

Das Akronym ERP stammt aus dem englischen und bedeutet ausgeschrieben „Enterprise-Resource-Planning".[1] Entwickelt wurde der Begriff in den 1980er Jahren aus dem Material Requirement Planning System, auch bekannt als MRP, dass ein planerisches Konzept für die Bedarfsplanung darstellt. Das MRP II entwickelte sich im Anschluss und wurde um die Funktionen der Termin- und Kapazitätsplanung erweitert. Bis heute hat sich der Begriff des ERP-Systems durchgesetzt.[2]

Ein ERP-System ist eine auf Grundlage von Modulen aufgebaute Software-Lösung, die Prozesse verschiedener Unternehmensaktivitäten einer Wertschöpfungskette abbildet, wie beispielsweise das Rechnungswesen, die Logistik, Produktion, Personalwesen etc… und somit die Geschäftsprozesse eines Unternehmens unterstützt. Das Hauptziel ist die Effizienzsteigerung für Unternehmen.[3] Bei den Modulen handelt es sich um eigenständige Systeme die auch als solche betrieben werden können. Alle Module greifen bei der Standardanwendungssoftware auf eine einheitliche Datenbasis zurück. Für die Unternehmen ist dieser Aspekt wesentlich, da die Integration verschiedener Module in das Gesamtsystem möglich ist.

Das ERP-System muss in der Lage sein auf die verschiedensten Unternehmensaktivitäten zu reagieren und die enthaltenen Informationen zwischen den Modulen auszutauschen.[4] Die Datenbasis stellt beim ERP-System das Zentrum dar und erzielt eine horizontale als auch vertikale Integration entlang der Wertschöpfungskette eines Unternehmens. Der Integrationsbegriff wird dabei in vier verschiedene Formen differenziert: Reichweite, Richtung, Gegenstand und Umfang. Ermöglicht werden dadurch die Planung, Steuerung und Kontrolle des gesamten Unternehmens.[5]

---

[1] Vgl. *Kohnke* (2005), S.38
[2] Vgl. *Leyh/Wendt* (2018), S. 13
[3] Vgl. *Kohnke* (2005), S. 38
[4] Vgl. *Wannenwetsch* (2021), S. 460
[5] Vgl. *Mertens* (2007), S. 2

Folgende Abbildung veranschaulicht einen Aufbau eines ERP-Systems:[6]

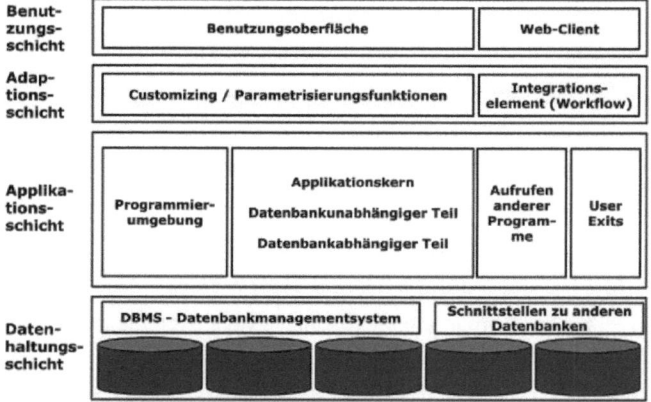

Abbildung 1: Aufbau von ERP-Systemen

(Quelle: in Anlehnung an Gronau (2014))

https://link.springer.com/content/pdf/10.1007/978-3-662-63185-0.pdf

1.1 Marktübersicht aktueller ERP-Systeme

Die Universität Potsdam pflegt am Center for Enterprise Research die Datenbank „ERP Wissen", welche alle veröffentlichten ERP-Projekte in Deutschland beinhaltet. Dabei werden Projekte kontinuierlich von Wissenschaftlern um Informationen zu Projektzielen, Projektgründen und Gründen für die Auswahl des zuletzt implementierten Systems gepflegt. Die Datenbank der Universität Potsdam stellt mit über 1800 Projekten von mehr als 300 Systemen eine einzigartige Grundlage für die anwendungsorientierte Forschung dar. Die Quellen beinhalten Internetrecherchen, Pressemitteilungen, Anbieterkooperationen und Auswahl- und Aus-

---

[6] Vgl. *Leyh/Wendt (2018)*, S. 15

schreibungsplattformen sowie Fachzeitschriften. Durch die Datenbank und daraus resultierenden Ergebnissen, entsteht ein über mehrere Jahre gefestigtes Bild der ERP-Szene.[7]

Das Center for Enterprise Research verfügt ebenfalls über eine kontinuierlich aktualisiertes Kuchendiagramm, dass den ERP-Markt widerspiegelt, das in dieser Abbildung sehr zerstückelt ist. In den letzten Jahren wurden in Deutschland mehr als über 160 verschiedene ERP-Systeme der unterschiedlichsten Anbieter platziert. Dabei führt das Walldorfer Technologieunternehmen, die SAP SE, mit 20, 3% die Top Ten des Markts, mit Ihrem System S/4HANA an. Im Anschluss werden die Plätze von Firmen wie Microsoft, die viele Systeme installieren, angeführt und von solchen die ein gutes strategisches Marketing besitzen, wie die Firma GUS. Aufgrund des enorm breiten Funktionsumfangs eins ERP-Systems und der Vielzahl von Anbietern, ist der Markt dadurch sehr unübersichtlich. Die folgende Abbildung zeigt die Marktanteile der ERP-Projekte im deutschsprachigen Raum in einem Kuchendiagramm an:[8]

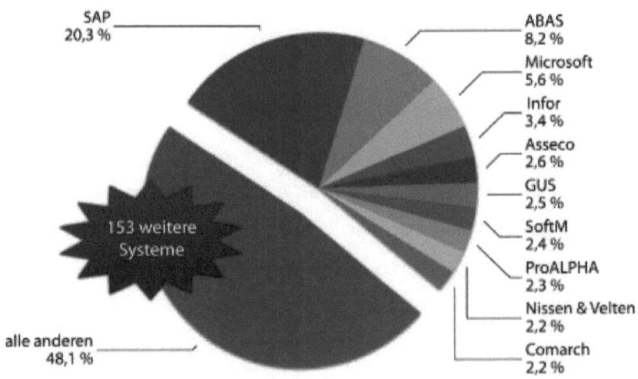

Abbildung 2: Marktanteile im deutschsprachigen Raum auf der Basis publizierter ERP-Projekte

(Quelle: Gronau (2019a))

---

[7] Vgl. Center for Enterprise Research 2020, S. 4
[8] Vgl. *Gronau* (2021), S. 16

Des Weiteren lässt sich der ERP-Markt nach folgenden Punkten differenzieren, wie in Abbildung 3 zu sehen:

- Funktionsumfang der angebotenen Systeme
- Grad der Spezialisierung der Anbieter bestimmter Branchen
- Nach Größe
- Und nach regionalen Tätigkeitsgebiet der ERP-Anwendungsunternehmen[9]

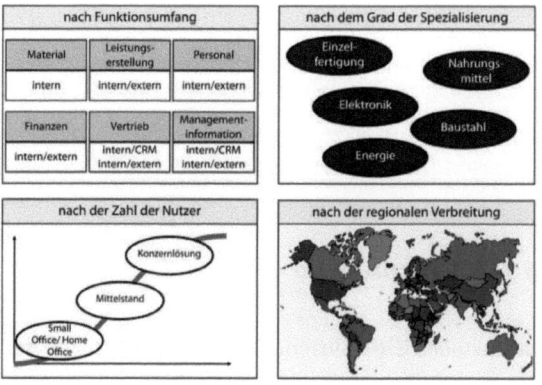

Abbildung 3: Differenzierungsmöglichkeiten des ERP-Marktes

(Quelle: Gronau (2021), S. 17)

Bei der Recherche nach dem Anteil der Nutzung von ERP-Systemen in Deutschland, fällt in der folgenden Abbildung 4 stark auf, dass ERP-Systeme meistens im Einsatz bei größeren Unternehmen, mit einer Mitarbeiteranzahl von 250 und mehr, sind. Diese Erkenntnis ist auf die Komplexität der Software zurückzuführen:[10]

---

[9] Vgl. *Gronau* (2021), S. 17
[10] Vgl. Statista (2022)

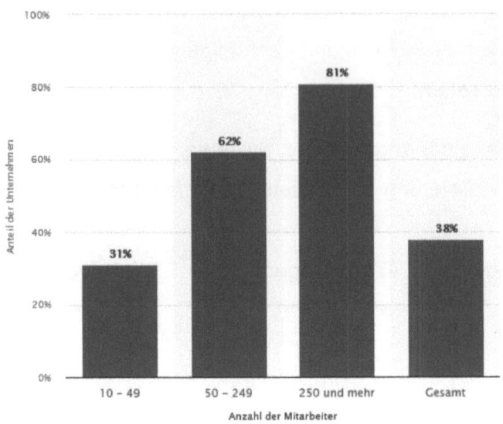

Abbildung 4:Anteil der Unternehmen in Deutschland mit Nutzung einer ERP-Software, nach Unternehmensgröße im Jahr 2021

(Quelle: Statista (2022), https://de.statista.com/statistik/daten/studie/795254/umfrage/einsatz-von-erp-software-in-unternehmen-nach-unternehmensgroesse/)

1.2 Vorstellung SAP S/4HANA Cloud

Nachfolgend wir das aktuelle ERP-System „SAP S/4HANA Cloud" der Walldorfer Firma SAP SE näher vorgestellt. Das Walldorfer Softwareunternehmen bietet ERP-Software für kleine, mittelständige als auch Großunternehmen an. Dabei wird das System entweder via Cloud, On-Premise oder in hybrider Form zur Verfügung gestellt:[11]

Cloud ERP: Die Software wird in der Cloud gehostet und über das Internet, als so genannter Service und in Form eines Abonnements zur Verfügung gestellt.

On-Premise-ERP: Hierbei handelt es sich um das klassische Modell für die Implementierung von ERP-Software. Das eigene Unternehmen ist für die Steuerung zuständig und verantwortlich. Aktuell geht der Trend in Richtung Cloud Service, weshalb vielen Unternehmen ihre ERP-Systeme umstellen.

---

[11] Vgl. SAP (2022)

Hybride ERP-Software: Unternehmen, die eine Kombination aus beidem wünschen, bietet SAP die Möglichkeit das hybride Cloud-ERP-Modell zu nutzen. Einige Module/Daten sind vor Ort installiert und die anderen finden sich als Service in der Cloud wieder.

Die ERP-Sofware SAP S/4HANA Cloud umfasst eine modulare cloudbasierte ERP-Lösung, die auf alle Geschäftsanforderungen eines Unternehmens eingeht und abdeckt. Ermöglicht wird dies durch Künstliche Intelligenz und Analysen.

Das Portfolio der ERP-Lösung umfasst Künstliche Intelligenz, Analyse Möglichkeiten, Cybersicherheit, Erweiterbarkeiten für alles Geschäftsanforderungen und eine intuitive Benutzeroberfläche. In der nachfolgenden Abbildung 5 wird das Portfolio der ERP-Lösung „SAP S/4 HANA Cloud" veranschaulicht:[12]

Anm. der Red.: Die Abb. wurde aus urheberrechtlichen Gründen entfernt.

Abbildung 5: Funktionalitäten SAP S/4 HANA Cloud

(Quelle: SAP (2022), https://www.sap.com/germany/products/erp/s4hana.html)

Kosten: Leider ist die Preisliste nicht einsehbar, sodass zu den Kosten keine Aussage getroffen werden kann.

1.3 Vorstellung Microsoft Dynamics 365

Ähnlich wie die Konkurrenz SAP SE, bietet Microsoft eine ERP-Lösung mit seiner Software „Microsoft Dynamics 365". Auch Microsoft bietet Lösungen in den unterschiedlichsten Unternehmensbereichen wie Sales, Marketing, Customer Service, Finanzen, Personalwesen und weiteren Bereichen. Die Software lässt sich ebenfalls via Cloud, On-Premise und in hybrider Form abbilden. Anders wie bei der Konkurrenz SAP, muss die Software um diese Business-Tools, wie beispielsweise Microsoft Cloud, Microsoft Power Platform, Microsoft Azure und Microsoft

---

[12] Vgl. SAP (2022)

365 erweitert werden. Im August 2021 wurde Microsoft im Gartner Magic Quadrant for Cloud ERP for Product-Centric Enterprises als führender Anbieter benannt.

Kosten: Die kostenpflichtige Version von Microsoft Dynamics 365 ist ab 50 €/Monat pro Mandanten verfügbar.

Folgenden Features bietet Microsoft im Zuge der Implementierung von Microsoft Dynamics:[13]

Anm. der Red.: Die Abb. wurde aus urheberrechtlichen Gründen entfernt.

Abbildung 6: Microsoft Dynamics 365 Anwendungen

(Quelle: Microsoft (2022), https://dynamics.microsoft.com/de-de/what-is-dynamics365/)

2 Definition Data-Warehouse

Datenbanksysteme stellen eine wesentliche Grundlage für die Versorgung betrieblicher Informationen in Unternehmen dar. Dabei wird den Anwendern eine strukturierte Datenverwaltung und ein effizienter Datenzugriff zur Verfügung gestellt. Im Vordergrund der Datenbanksysteme stehen operative Daten. Unter diesen Daten befinden sich zum Beispiel Arbeitsabläufe, die durch das Datenbanksystem abgelegt und verwalten werden. Darüber Hinaus werden neben den operativen Daten auch Daten aus den eingesetzten Anwendungen von zahlreichen Unternehmen automatisch generiert und gesammelt. Die große Herausforderung der Unternehmen und ihrer Manager:innen liegt darin, zu wissen wo welche Daten verfügbar sind und wie eine gewünschte Information aus den unterschiedlichsten Quellen abgerufen werden kann. Erschwerend kommt der rasante Anstieg von zu verarbeitenden Daten, sowie die stark steigenden Rechenleistungen und Rechenkapazitäten hinzu.[14]

Um diese Herausforderungen zu meistern, wurde neben den Datenbanksystemen, parallel an der Entwicklung von entscheidungsunterstützenden Informationssystemen gearbeitet. In diesem Zuge hat sich die Methode des Abkapselns

---

[13] Vgl. Microsoft (2022)
[14] Vgl. *Farkisch* (2011), S. 1

und Separierens der Daten, stammend aus dem operationalen Datenbanksystem und der Ablage dieser Daten in ein Datenlager, auch Data Warehouse genannt, etabliert.[15]

Ziel des Data Warehouse ist der Aufbau einer Datenbasis, dass die steuerungs-relevanten Informationen aus der Gesamtheit der operativen Quellen eines Unternehmens integriert. Das Hauptaugenmerk des Data Warehouse liegt auf den Analysen und Berichten zur Steuerung des Unternehmens.[16] Durch die Einführung eines Data Warehouse werden die BI-Aktivitäten des Unternehmens, besonders Analysen aktiviert und unterstützt.[17]

Nach Immon, auch als Vater des Data Warehousing bekannt, wird das Data Warehouse wie folgt beschrieben: „ A data warehouse is a subject-oriented, integrated, nonvolatile a time-variant collection of data in support of managements decisions.[18]

Auf die vier Hauptmerkmale wird nachfolgend eingegangen:[19]

subject-oriented:

Übersetzen lässt sich der englische Begriff ins deutsche in Themen bzw. Subjektorientierung. Dieses Merkmal ist auf unternehmensbestimmende Themenkomplexe ausgerichtet. Der Fokus liegt dabei in den inhaltlichen Kernbereichen einer Unternehmung und orientiert sich somit nicht an den betrieblichen Abläufen.

Integrated:

Bei diesem Begriff handelt es ich um die Integration der Datenquellen zur Bereitstellung für die Data-Warehouse Datenbasis. Damit eine umfangreiche Struktur- und Formatvereinheitlichung im Data Warehouse gelingt, benötigt es eine Transformations- und Harmonierungsaktivität innerhalb des Datenbestands. Ziel der dieses Merkmals ist es „eine Version der Wahrheit" zu erschaffen.

---

[15] Vgl. *Farkisch* (2011), S. 1-2
[16] Vgl. *Fasel/Meier* (2016), S. 141
[17] Vgl. Oracle (2022)
[18] Immon (2005), S. 29
[19] Vgl. *Böhnlein* (2013), S. 37-39

non volatile:

Mit diesem Begriff ist die dauerhafte Speicherung gemeint. Data Warehouse Sys-Daten werden als nicht volatil beschrieben. Der Vorteil, der Dauerhaftigkeit des Datenbestands liegt darin, dass alle Daten die jemals erstellt und analysiert wurden, weiterhin an Gültigkeit behalten und jederzeit reproduziert und nachvollzogen werden können.

time-variant:

Unter dem Begriff "time-variant" ist der Zeitraumbezug bzw. die Zeitbezogenheit gemeint. Alle Daten, die in ein Data Warehouse eingestellt wurden, weißen einen Zeitraumbezug auf. Mithilfe dieses Merkmals ist es in einem Data Warehouse möglich, eine auf den Zeitpunkt bezogene Korrektheit des Datenbestands vorzuweisen, dass sich am Zeitpunkt der letzten Übernahme der Daten orientiert.

2.1 Aufbau und Funktionalitäten eines Data Warehouse Systems

Ziel eines Data Warehousing ist es, den Fach- und Führungskräften eine Basis von Informationen zur Entscheidungsfindung anzubieten. Grundlage der Informationsbasis sind die Informationen eines Unternehmens, die gleichzeitig die wichtigste Ressource darstellen.[20]

Ein Data Warehouse kombiniert ein oder mehrere strukturierte, unstrukturierte und halbstrukturierte Daten, um den Anwendern als auch den Analysten eine einheitliche Ansicht der Daten zur Verbesserung der Business Intelligence zu bieten. Daher muss das Data Warehouse in jedem Fall von einer herkömmlichen Datenbank unterschieden werden. Im Gegensatz zur Datenbank, die ausschließlich Daten speichert, werden bei einem Data Warehouse spezielle Datenanalysen durchgeführt.[21]

In der nachfolgenden Abbildung 7 ist der Aufbau eines klassischen Data Warehouse Systems dargestellt:[22]

---

[20] Vgl. *Fischer* (2020). S.512
[21] Vgl. Astera (2019)
[22] Vgl. *Kimball/Ross* (2013)

Abbildung 7: Klassisches Data Warehouse

(Quelle: Faser/Meier (2016), S. 141)

Aufgebaut ist die Architektur eines Data-Warehouse-Systems auf drei Ebenen. In der Literatur wird sogar von fünf Ebenen gesprochen, auf die vierte und fünfte Ebene wird jedoch nicht im Rahmen dieser Hausarbeit eingegangen. Folgende Abbildung zeigt die Architektur eines Data-Warehouse-Systems, auf die nachfolgend eingegangen wird:[23]

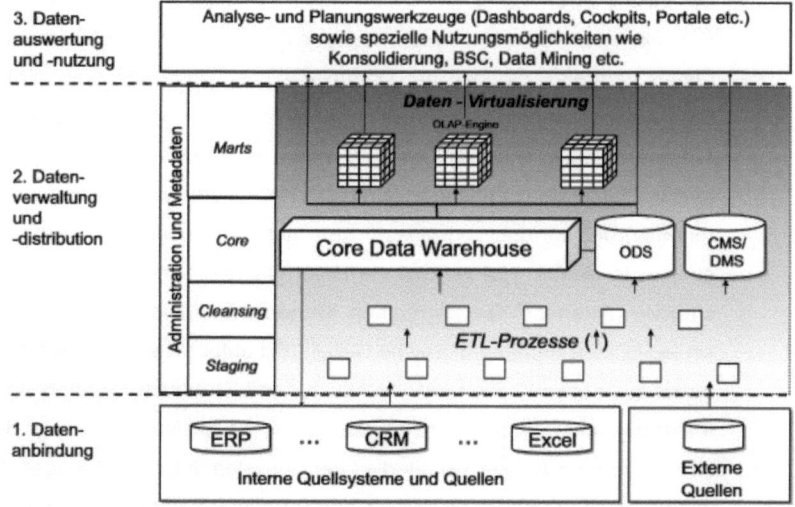

Abbildung 8: Drei Ebenen der Data-Warehouse-Architektur

(Quelle: Schön (2022), S. 405)

---

[23] Vgl. *Schön (2022)*, S. 405

Die **erste Ebene** der Architektur beschreibt die Datenanbindung, die aus internen und externen Quellen beschaffen wird und im Rahmen des ETL-Prozesses weiterverarbeitet werden. ETL-Prozesse stehen für Extraktions-, Transformations- und Ladeprozesse. Für die Datenanbindung stehen interne als auch externe Datenquellen zur Verfügung, dazu gehören interne Daten aus dem ERP-System, Rechnungswesen und der Personalabteilung und externe Daten wie zum Beispiel Informationen aus dem Internet oder von Verbänden. In der ersten Ebene reicht die Bandbreite von Standardsoftwarelösungen über Individuelle Entwicklungen bis hin zu vereinzelten Dateien in unterschiedlichen Formaten. Eines der beliebtesten Formate ist das csv-Format, mit deren Hilfe Excel-Dateien konvertiert werden können. Der Start des ETL-Prozesses findet in der Datenanbindung statt und mündet in den Datenzielen und damit in die zweite Ebene der Datenverwaltung und -distribution zum Beispiel im Core Data Warehouse oder in den Data Marts, ein.[24]

Die **zweite Ebene** der Data-Warehouse-Architektur ist für die Speicherung und Verwaltung der Daten im System zuständig. Aus der ersten Ebene wurden dabei bereits zentrale Aufgaben der Datenverwaltung durch die Transformation und Datenharmonisierung, sowie der Aggregation und Anreicherung übernommen. Außerdem erfolgt im Anschluss die Distribution der Daten in unterschiedliche Datenziele. Data Marts entstehen durch das Kern-Data-Warehouse (Core Data Warehouse) und werden von diesem Kern auch für ausgewählte Aufgaben angesteuert. In diesem Fall werden die Daten separiert und von den Kerndatenbeständen getrennt.[25] Die getrennten Kerndatenbestände werden für die unterschiedlichsten Aufgabenbereiche verteilt und aufbereitet. Diese Art der Architektur ist auch bekannt als DHW-Architektur und wird auch Hub-and-Spoke-Architektur genannt.[26] Vorteil der Hub-and-Spoke-Architektur gegenüber dem gängigen Stove-Pipe-Ansatz, der für die Quellensystem mit den jeweiligen themenbezogenen Data Marts verbindet, ist, dass die zentrale Speicherung im Core Data

[24] Vgl. *Schön* (2022), S. 406
[25] Vgl. *Schön* (2022), S. 406
[26] Vgl. *Sinz/Ulbrich vom Ende* (2010), S. 190 f.

Warehouse erfolgt.[27] Außerdem erfolgt auf der zweiten Ebene eine Aufteilung in vier Ebenen:[28]

1. Staging Area
2. Cleansing Area
3. Core-DWH-Area
4. Data-Marts-Area

Die erste Ebene **1. Staging Area** sorgt dafür, dass Daten aus den unterschiedlichsten Quellsystemen unabhängig von der Anforderung und dem Thema in einem bestimmten Zyklus (z. B. täglich, wöchentlich, monatlich, jährlich) gesammelt werden können.[29] Gespeichert werden die Daten so lange, bis sie an die nächst höhere Instanz weitergeleitet werden. Wurden die Daten erfolgreich weitergeleitet, so können die Daten auch wieder gelöscht werden. Die Staging Are bildet somit einen Hilfsbereich, der als Datenpuffer genutzt werden kann.[30]

Auf der zweiten Ebene der **2. Cleansing Area** findet die Bereinigung und Vorstrukturierung der Daten im Rahmen der ETL-Prozesse statt.[31] In diesem Rahmen findet eine Filterung von fehlerhaften Daten statt, die anschließend korrigiert oder durch Singletons (Default Werte) erweitert werden.[32]

Bei der dritten Ebene, der **3. Core-DWH-Area** handelt es sich um die Kernkomponente der Data-Warehouse-Architektur und stellt damit die zentrale Datensammlung des Data Warehouses dar. Befüllt wird das Zentrum über den ETL-Prozess durch die Vielzahl an internen und externen Quellen.[33] Die Datenbankgröße eines Core Data Warehouses kann mehrere Terbyte bis Petabyte enthalten. An diesem Ort werden die Daten über einen längeren Zeitraum gespeichert. In der Informatik bildet das Core Data Warehouse das Zentrum der Unternehmensinformationen ab, dass auch als Single Point of Truth (SPoT) bekannt ist. Stößt das Core Data Warehouse an seine Größen, können mehrere Core Data

[27] Vgl. *Hahne* (2016), S. 150 ff.
[28] Vgl. *Schön* (2022), S. 406
[29] Vgl. *Heuer* (2001), S. 469
[30] Vgl. *Schön* (2022), S. 407
[31] Vgl. *Jordan/Schnider* (2011), S.7
[32] Vgl. *Schön* (2022), S. 407
[33] Vgl. *Mannhart* (2011b).

Warehouses implementiert werden, um der Belastbarkeit vorzubeugen.[34] Die Daten aus dem Core Data Warehouse fließen für die unterschiedlichsten Auswertungszwecke in sogenannt Data Marts. Dieser Bereich bildet die Data-Marts-Area.[35]

Die vierte Ebene bildet die **4. Data-Marts-Area** ab. Beschreiben lässt sich der Begriff „Data Mart" als fachlich begrenzte Data-Warehouse-Bereiche oder aufgabenbezogene Untermenge eines bereits vorhandenen Data Warehouses.[36] Durch die Hilfe der Administration und deren Funktionen können das Core Data Warehouse und die Data Marts sowie alle anderen Objekte verwaltet werden. Bestandteil der Funktionen ist u. a. die Datenmodellierung und Pflege, Steuerung der Lese- und Schreibzugriffe und die Überwachung der Datenflüsse.

Die **Dritte** und letzte **Ebene** der Data-Warehouse-Architektur kann auf die bereitgestellten Daten mithilfe von unterschiedlichen Analyse-, Präsentationstools und auch mit Planungsanwendungen zugegriffen werden. Dadurch soll eine Anwenderfreundliche Darstellung und Analyse- und Planungsfunktion ermöglicht werden. Außerdem lassen sich die Analysewerkzeuge nach freien Datenbankrecherchen und Abfragegeneratoren, auf Basis von OLAP-Analysesystemen und modellbasierten Analyse- und Planungswerkzeugen differenzieren.[37] Aufgrund des eingeschränkten Umfangs der Einsendeaufgabe, wird nicht näher auf die Tools eingegangen.

Beispiele:

Ziel des Einsatzes eines Data Warehouses ist es, mithilfe der aufbereiteten Daten die Breite und die Tiefe eines Unternehmens zu messen und dadurch einen Marktüberblick sowie Markttrends zu identifizieren und damit einen Wettbewerbsvorteil zu erlangen, um u. a. auf Kundenwünsche rechtzeitig reagieren zu können. **Öffentlicher Nahverkehr:** Durch die Verknüpfung der Daten können Ausfall- sowie Wartezeiten präzise ausgewertet werden, wodurch Verspätungen in der Zukunft minimiert werden können. Auch können Strecken, die eine geringe

---

[34] Vgl. *Kemper et al.* (2010), S. 23, *Sinz/Ulbrich vom Ende* (2010) S. 188
[35] Vgl. *Schön* (2022), S. 407
[36] Vgl. *Martin/von Maur* (1997), S. 105
[37] Vgl. *Schön* (2022), S. 410-412

Rentabilität aufweisen, mithilfe von Analysen herausgefiltert und gestrichen werden. Der Einsatz eines Data Warehouse ermöglicht ebenfalls die Auswertung der Stoßzeiten von Passagieren und beugt somit vor, dass die Züge/Busse überfüllt sind, oder ein weiterer Bus/Wagon zum Einsatz kommen muss. **Telekommunikation:** Die jeweiligen Internetnutzer liefern Daten in das Data Warehouse. Aus diesen Daten können gezielte Zielgruppen erstellt werden. Dadurch wird die Auswertung von Nutzungsdaten in den jeweiligen Regionen, nach Geschwindigkeit, Volumen ermöglicht. Diese Analyse kann gegen eine Überlastung des Netztes vorbeugen.

3 Definition Datenbanksystem

Ziel eines Datenbanksystems ist es, die Datenwelt eines umfangreicheren Anwendungsbereichs zentralisiert und anwendungsneutral zu verwalten.[38] Unter dem Begriff „Datenbank" (DB) versteht man eine Datenmenge, die nach einheitlichen Prinzipien strukturiert und anwendungsübergreifende organisiert wird. Den Bestand der Daten bezeichnet man in der Literatur auch als Datenbasis. Wir die Datenbank in Verbindung mit einer Software-Komponente zur Verwaltung gebracht, spricht man von einem Datenbankverwaltungssystem (DBVS), oder auch von einem Datenbanksystem (DBS).[39]

Somit sind die Kernelemente eines Datenbanksystems

- eine Datenbank, die die Aufgabe hat, alle Daten zentral zu sammeln und strukturieren und
- ein Datenbankverwaltungssystem, welches für den Aufbau, Pflege du Erschließung der Datenbank für die Gesamtheit der Datenbanknutzer verantwortlich ist.[40]

---

[38] Vgl. *Gehring/Gabriel* (2022), S. 781
[39] Vgl. *Gehring/Gabriel* (2022), S. 782
[40] Vgl. *Gehring/Gabriel* (2022), S. 782

3.1 Architektur von Datenbanksystemen

Die betrachtete Datenwelt wird im Rahmen eines Datenbanksystems in verschiedene Beschreibungssichten unterschieden. Dabei erfolgt in jeder dieser Sichten die Beschreibung der Datenwelt unter einer anderen Perspektive, mit unterschiedlichen Sprachmitteln und Konzepten. Diese Datenbeschreibung bezeichnet man als Datenbankschemata oder abgekürzt Schemata. Nachfolgend werden die vier Datenbankschemata näher vorgestellt, die sich auf Abbildung 9 beziehen. Das **konzeptionelle Schema** beinhaltet die Beschreibung der Gesamtsicht, welche aus den logischen Dateneinheiten des Realitätsausschnitts und den Dateneinheiten der bestehenden Beziehungen stammen. Die Datenwelt des Anwendungsbereichs wird von dem **logischen Schema,** unter der Berücksichtigung der Vorgaben des DBVS und Verwendung der bereitgestellten Sprachmittel, beschrieben. Das **interne Schema** hat die Funktion, die physischen Realisierungen eines logischen Schemas auf den zur Verfügung stehenden Speichermedien festzulegen. Es wird auch als physisches Schema bezeichnet. Darüber hinaus beinhaltet das interne Schema Angaben zur Speicherungsform der Dateneinheiten und regelt die Festlegung im Hinblick auf die Zugriffpfade. Das interne Schema führt zur Effizienzsteigerung der Verarbeitung. Im Vergleich zum logischen Schema, beschreibt das **externe Schema** einen Teil aus dem logischen Schema eines Unternehmens, welcher sich auf die Datensicht einer bestimmten Benutzergruppe zuwendet. Aufgrund der Tatsache, dass das externe Schema nur einen Teil der logischen Gesamtsicht widerspiegelt, wird es auch als **Subschema** bezeichnet. In der Praxis treten in der Regel mehrere Benutzergruppen aus, für die es ein individuelle Subschema zu entwickeln gilt.[41]

---

[41] Vgl. *Gehring/Gabriel* (2022), S.783

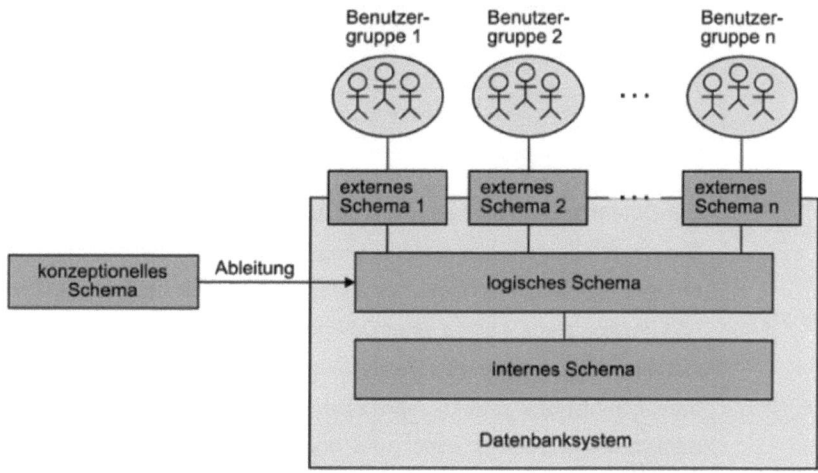

Abbildung 9: Die vier Schemata des Datenbankkonzepts

(Quelle: Gehring/Gabriel (2022), S. 784)

3.2 Akteure eines Datenbanksystems

Anwender:

Anwender werden auch als Endbenutzer bezeichnet. Damit die Endbenutzer Berichte abrufen, aktualisieren und erzeugen können, ist deren Zugriff auf die Datenbank Voraussetzung. Die Datenbank nutzen sie, damit sie ihre täglich anfallenden Aufgaben erledigen können. Dabei können die Endbenutzer in mehreren Kategorien eingeordnet werden zum Beispiel in gelegentliche Endbenutzer, naive oder parametrische Endbenutzer, professionelle Endbenutzer und Einzelbenutzer. Der gelegentliche Endbenutzer greift nur sehr sporadisch auf die Datenbank zu. Zu diesem gehören leitende Mitarbeiter:innen im mittleren oder gehobenen Management. Naive oder parametrische Endbenutzer gehören einer großen Benutzergruppe an, deren Aufgaben und Aufgabe wiederkehrend sind. Bei den professionellen Endbenutzern handelt es sich um Ingenieure, Wissenschaftler, Wirtschaftsanalysten, die sich mit der Einrichtung des DBMS in der tiefe auseinandersetzen, um komplexe Anforderungen zu meistern. Der Einzelbenutzer führt eine persönliche Datenbank und greift auf marktübliche Softwarepakete, die leicht zu bedienen sind, zurück, wie bspw. ein Steuer- und Finanzverwaltungs-programm.[42]

Datenbankadministrator:

Der Datenbankadministrator wird auch als Verwalter der Datenbank bezeichnet. Die Hauptaufgaben dieser Personengruppe reichen von der Einrichtung der Datenbank bis hin zur Kontrolle der Datenbank. Zur Einrichtung der Datenbank gehört der komplette Aufbau einer Datenbank. Für die Verwaltungsaufgaben ist der Datenbankadministrator im Besitz aller Zugriffsrechte zur Datenbank. Der Datenbankadministrator wird als Spezialist bezeichnet, da er die verwendete Datenbanksoftware bestens kennt und auch auf Performance-Probleme reagieren kann. Darüber hinaus leistet er technischen Support gegenüber den Anwendern und hilft Ihnen bei der Realisierung von Projekten.[43] Die Entwicklung und Pflege des konzeptionellen Datenmodells und Schemas in Zusammenarbeit mit den betrieblichen Fachabteilungen gehört ebenfalls zur Aufgabe des Datenbankadministratoren.[44]

Datenbankmodellierer:

Der Datenbankmodellierer hat die Hauptaufgabe, eine möglichst genaue Beschreibung des Realitätsausschnitts aus der Datenbank abzubilden und daraus ein Datenmodell zu erstellen. In diesem Rahmen findet die Ableitung sachlogischer Objekte, wie bspw. Kunden und Artikeldaten und die existierende Beziehung zwischen den Objekten (Kunde kauft den Artikel) statt. Für die Semantik hat sich die Entity-Relationship-Methode als Standard etabliert. Das Ergebnis aus der Entity-Relationship-Methode ist das Entity-Relationship-Modell (ERM). Anhand dieses Modells lassen sich die jeweiligen Objekte und ihre Beziehungen beschreiben. Zu den Grundelementen eines ERM gehören Entities mit Ihren Eigenschaften (Attributen) sowie deren Beziehungen (Relationships) zwischen diesen Entities mit den in Zusammenhang stehenden Attributen. Entities lassen sich

---

[42] Vgl. *Navathe/Elmasri* (2009), S. 27
[43] Vgl. *Schicker* (2013), S. 55
[44] Vgl. *Springer Fachmedien Wiesbaden GmbH* (2022)

in reale und abstrakte Objekte einordnen, die eine eigenständige Bedeutung haben.[45]

---

[45] Vgl. *Mertens* et al. (2017), S. 43

Literaturverzeichnis

Böhnlein, M. (2013). Konstruktion semantischer Data-Warehouse-Schemata. Deutschland: Deutscher Universitätsverlag.

Farkisch, K. (2011). Data-Warehouse-Systeme kompakt: Aufbau, Architektur, Grundfunktionen. Deutschland: Springer Berlin Heidelberg.

Fischer, J. (2020). Data Warehousing. In: Kollmann, T. (eds) Handbuch Digitale Wirtschaft. Springer Gabler, Wiesbaden.

Faser, D., Meier, A. (2016), Grundlagen, Systeme und Nutzungspotenziale, Big Data. Springer Vieweg Wiesbaden.

Gronau, N. (2021). ERP-Systeme: Architektur, Management und Funktionen des Enterprise Resource Planning. Österreich: De Gruyter.

Hahne, M. (2016). Architekturkonzepte und Modellierungsverfahren für BI-Systeme. In Analytische Informationssysteme: Business Intelligence-Technologien und -Anwendungen, Hrsg. P.Gluchowski und P. Chamoni, Bd. 5, 147–184. Berlin: Springer.

Heuer, A., et al. 2001. Datenbanksysteme in Büro, Technik und Wissenschaft. 9. GI-Fachtagung Oldenburg, Berlin/Heidelberg, 7.–9. März 2001.

Gehring, H., Gabriel, R. (2022), Wirtschaftsinformatik, Springer Gabler Wiesbaden.

Inmon, W. (2005): Building the Data Warehouse. Hoboken: Wiley

Jordan, C., und D. Schnider. (2011). Data warehousing mit oracle: business intelligence in der praxis. München: Hanser.

Kemper, H. G., H. Baars, und W. Mehanna. 2010. Business Intelligence – Grundlagen und praktische Anwendungen, 3. Aufl. Wiesbaden: Springer Vieweg.

Kimball, R., Ross, M.: The Data Warehouse Toolkit: The Definitive Guide to Dimensional Modeling (3. Aufl.). Wiley, Indianapolis, USA (2013)

Kohnke, O. (2005). Change Management als strategischer Erfolgsfaktor. In O. Kohnke & W. Bungard (Hrsg.), SAP-Einführung mit Change Management. Wiesbaden: Gabler.

Martin, W., und E. von Maur. (1997). Data warehouse. In Lexikon der Wirtschaftsinformatik, Hrsg. P. Mertens, 3. Aufl., 105–106. Berlin: Springer.

Mertens, P. (2007) Integrierte Informationsverarbeitung 1 – Operative Systeme in der Industrie,16. Aufl. Springer Gabler, Wiesbaden

Mertens, P./Bodendorf, F./König, W./Schumann, M./Hess, T./Buxmann, P. (2017), Grundzüge der Wirtschaftsinformatik, 12. Aufl., Berlin

Navathe, S., Elmasri, R. (2009). Grundlagen von Datenbanksystemen. Deutschland: Pearson Deutschland.

Schicker, E. (2013). Datenbanken und SQL: Eine praxisorientierte Einführung. Deutschland: Vieweg+Teubner Verlag.

Schön, D. (2022). Planung und Reporting im BI-gestützten Controlling: Grundlagen Business Intelligence, Mobile BI, Big-Data-Analytics und KI

Sinz, J. E., und A. Ulbrich vom Ende. (2010). Architektur von Data-Warehouse-Systemen. In Analytische Informationssysteme, Hrsg. P. Chamoni und P. Gluchowski, 4. Aufl., 175–196.Heidelberg: Springer.

Wannenwetsch, H. (2021). Produktionsplanungs- und Produktionssteuerungs-Systeme (PPS) und Enterprise-Resource-Planning (ERP)-Systeme. In: Integrierte Materialwirtschaft, Logistik, Beschaffung und Produktion. Springer Vieweg, Berlin, Heidelberg.

Internetquellen

Astera (2019), Was ist ein Data Warehouse - Definition, Beispiel und Vorteile, in: https://www.astera.com/de/Typ/Blog/Data-Warehouse-Definition/, abgerufen am 16.10.2022

Center for Enterprise Research, Universität Potsdam (2020), Markt über ERP-Systeme, verfügbar unter: Trendreport_final_02_finalfinal (lswi.de) abgerufen am 06.10.2022

Manhart, K. (2011b). Business intelligence. http://www.tecchannel.de/server/sql/1739205/business_intelligence_teil_2_datensammlung_und_data_warehouses/index8.html Zugegriffen am 18.10.2022

Microsoft (2022), Dynamics 365 verfügbar unter: https://dynamics.microsoft.com/de-de/what-is-dynamics365/ abgerufen am 09.10.2022

ORACLE Corp. (2022), Data Warehouse, verfügbar unter: https://www.oracle.com/de/database/what-is-a-data-warehouse/ abgerufen am 13.10.2022

SAP SE (2022), SAP S/4HANA https://www.sap.com/germany/products/erp/s4hana.html abgerufen am 09.10.2022

SAP SE (2022), SAP S/4HANA, verfügbar unter: https://www.sap.com/germany/insights/what-is-erp.html?campaigncode=crm-ya22-int-1517075&source=ppc-de-google_ads-search-71700000089698163-58700007595504791-s4hana_s4fin-x--&dfa=1&gclid=EAlaIQobChMIqJGS1cTT-glVQurtCh0UpQOEE-AAYASABEgKA3vD_BwE&gclsrc=aw.ds#deployment abgerufen am 09.10.2022

Springer Fachmedien Wiesbaden GmbH (2022), Datenbankadminitstrator https://wirtschaftslexikon.gabler.de/definition/datenbankadministrator-28646 abgerufen am 25.10.2022

Statista (2022), Einsatz von ERP Software in Unternehmen nach Unternehmens-größe, verfügbar unter: https://de.statista.com/statistik/daten/stu-die/795254/umfrage/einsatz-von-erp-software-in-unternehmen-nach-un-ternehmensgroesse/ abgerufen am 09.10.2022

BEI GRIN MACHT SICH IHR WISSEN BEZAHLT

- Wir veröffentlichen Ihre Hausarbeit, Bachelor- und Masterarbeit

- Ihr eigenes eBook und Buch - weltweit in allen wichtigen Shops

- Verdienen Sie an jedem Verkauf

Jetzt bei www.GRIN.com hochladen und kostenlos publizieren